Copyright © 2020 by Calpine Memory Books
All rights reserved. This book or any portion thereof
may not be reproduced or used in any manner whatsoever
without the express written permission of the publisher.

1.

I love you because
you always...

2.

I love you because

you are
the first to...

3.

I love you because
you love...

4.

I love you because
you help...

5.

I love you because

you are

there when...

6.

I love you because
you challenge...

7.

I love you because

you don't worry about...

8.

I love you because

you accept...

9.

I love you because
your advice...

10.

I love you because

you encourage...

11.

I love you because

you are an

incredible...

12.

I love you because

you give...

13.

I love you because

you answer...

14.

I love you because

you are the best...

15.

I love you because

you never...

16.

I love you because

I couldn't...

without you.

17.
I love you because
you think...

18.

I love you because
you hate...

19.

I love you because

I love to...

with you.

20.
I love you because

you aren't afraid to...

21.

I love you because

you are

an amazing...

22.

I love you because
you understand...

23.

I love you because

when I'm

with you...

24.

I love you because
everyday you...

25.

I love you because

you believe...

26.

I love you because
you taught me...

27.

I love you because
you make...

28.

I love you because
when I see you...

29.

I love you because
you celebrate...

30.

I love you because

you are
the most...

31.

I love you because
you have...

32.

I love you because

you are my favorite favorite...